» tous et un chacun leurs biens meubles et immeubles
» presents et avenir en quoy qu'ils consistent et puissent
» consister sous les reserves cy-après scavoir ledit
» sieur Boulon la somme de six mille livres pour en
» disposer a vie et mort ainsi qu'il avisera a laquelle
» sont comprises les legitimes de sieurs Jean-Baptiste
» et Marc-Antoine Boulon ses deux fils cadets et
» laditte demoiselle Peyron celle de mille livres sur
» laquelle est de meme comprise la legitime des dits
» deux cadets et dans le cas de mort sans disposer
» des dittes susdittes reserves lesdits sieur Boulon et
» demoiselle Peyron veulent que ledit sieur Boulon
» futur epoux en ait sa part comme ses autres freres
» et en cas de separation etc. »

L'événement prévu dans cette clause est arrivé : les donateurs sont morts sans disposer des *dittes susdittes* réserves. Les cohéritiers Colin et Grange, comme représentant deux sœurs du donataire, ont-ils droit d'y prendre part? Le Tribunal de Grenoble a déjà prononcé affirmativement sur cette question, qui est la seule qu'offre le procès. Il a considéré entr'autres, que d'après la clause précédente, on ne doit pas consolider les réserves à la donation, puisque les donateurs ont décidé eux-mêmes qu'en cas de non-disposition, les *frères* du donataire y prendraient part; que par-là même les sœurs ont été aussi appelées au partage de ces réserves, parce que d'après les dispositions de plusieurs lois romaines, telles que les lois 62 et 93, § 3, ff. *de*

RÉPONSE

Pour les frères et sœurs Colin et Grange, cohéritiers ou représentans de Thérèse et Marthe Boulon, intimés en appel d'un jugement rendu par le Tribunal civil de Grenoble, le 30 juillet 1807;

CONTRE

Dame Marie-Anne Dumolard, veuve et héritière de Philibert Boulon.

Les parties sont en contestation sur le sens et l'effet d'une clause de réserve mise à la suite d'une donation universelle, et dont voici le texte, copié littéralement et *pro ut jacet* dans le contrat :

« Ledit mariage estant de meme agreable audit
» sieur Boulon et demoiselle Peyron pere et mere
» dudit sieur futur epoux il lui font donnation de

1

leg. 3.º, le mot *frères* désigne également les sœurs, à moins qu'on ne prouve que le testateur a voulu le contraire, et que justement rien n'annonce une semblable volonté dans les mariés Boulon....

Madame Dumolard critique ce jugement sous deux points de vue : 1.º Le mot *frères* ne peut en général, suivant elle, désigner des sœurs; 2.º il les peut encore moins désigner dans l'hypothèse de la cause, parce que les donateurs ont eu une intention contraire.... Nous allons réfuter ces deux objections.

LA première objection, qui est aussi celle à laquelle madame Dumolard s'est le plus attachée, est fondée principalement sur les observations suivantes : Le mot frères est une expression française; on ne doit donc pas l'interpréter d'après des jurisconsultes latins, car ce n'est point eux qui peuvent nous apprendre à parler français.... En français, celui qui se sert du mot *garçon* ne désigne pas des *filles*, comme celui qui parle de ses *frères* n'est point présumé parler de ses *sœurs*.... Le Dictionnaire de l'Académie et Domat le prouvent; l'Académie, en définissant le frère *celui* qui est né de même père et de même mère, etc., et Domat, en *prévenant* que si lorsqu'il traite des droits successifs des frères et sœurs, il ne nomme que les frères, c'est pour plus de clarté et de brièveté.... En un mot, ce n'est pas en latin qu'on parle français, et tous ceux qui parlent français , qui connaissent la langue française , ne confondront jamais les expressions *frères* et *sœurs*.

Iʟ faut convenir que cette manière d'attaquer le juge-ment est fort adroite. En déclarant que ceux qui voudront le défendre ne connaissent pas la langue française, l'adversaire a placé les cohéritiers Grange et Colin dans une situation fort critique. Ils savent que dans un ouvrage un peu étendu, et sur-tout composé à la hâte, il est impossible de ne pas commettre plusieurs fautes, puisque les plus grands écrivains en ont laissé quel-ques-unes dans ceux qu'ils ont revus et corrigés à diverses reprises. Si, comme il est inévitable, leur Mémoire offre de telles taches, les cohéritiers Grange et Colin ne courent-ils pas le risque de recevoir cette réponse piquante : « Vous ne soutenez une interpré-» tation vicieuse que parce que vous ne savez pas le » français?... » Une réflexion les a bientôt rassurés. Presque tous les actes et mémoires que l'adversaire a communiqués fourmillent de fautes de langue (on en verra la preuve).... voilà une compensation qu'ils ont le droit de proposer d'avance pour toutes celles qui leur échapperont. Si, d'ailleurs, en s'appuyant d'actes et mémoires où l'on méconnaît les règles de la langue française proprement dite, l'adversaire a pu néanmoins invoquer ces règles en faveur de sa cause, à plus forte raison doit-il être permis aux cohéritiers , en com-mettant un semblable délit, d'invoquer pour la leur les règles de la langue française judiciaire.

Ce sont là en effet les véritables règles dont il faut se servir pour l'interprétation de la clause au sujet de laquelle les parties sont divisées, et c'est ce qu'il importe avant tout d'établir.

Pour parvenir à ce but, nous prendrons pour base les axiomes de droit les plus généralement reçus lorsqu'il s'agit d'interpréter des clauses douteuses, et même un axiome que l'adversaire a fait valoir pour son système : *Verba debent intelligi secundùm communem usum loquendi.... secundùm naturam actùs.... secundùm materiam de quâ agitur, ETIAM CONTRA PROPRIAM SIGNIFICATIONEM* (1).

D'après ces axiomes, les mots doivent être interprétés suivant la manière commune de s'exprimer, suivant la nature de l'acte et l'objet qu'on se propose, *même contre leur signification propre.* Il n'en faut pas davantage, on va le voir, pour anéantir le système de madame Dumolard.

On conçoit que s'il était question d'interpréter une lettre écrite par un littérateur distingué ou par un grammairien scrupuleux, l'un et l'autre étrangers à la science des lois, et peut-être censeurs des formes et du langage du barreau, tels que des Racine, des Voltaire, des Bauzée, on devrait consulter les ouvrages où l'on

(1) Ces axiomes sont tirés d'une centaine de lois ou passages de docteurs. — *V. Aug. Barbosa, ax.* 222.

§ 10.

enseigne les règles de la langue française proprement
dite dans toute sa pureté, et les dictionnaires où l'on
indique la signification des termes de la même langue.
Les axiomes précédens ou plutôt le bon sens nous
en donnent la raison. La manière commune de s'exprimer, qu'ils nous prescrivent de consulter d'abord,
ne peut être que celle des personnes qui ont concouru
à l'acte; et des écrivains ou grammairiens habiles sont
présumés ne s'énoncer jamais qu'avec correction.... La
nature de l'acte que ces axiomes prennent pour second
fanal, nous obligerait aussi de suivre la même méthode,
parce que dans une lettre on évite ordinairement toute
tournure scientifique, et notamment celles de la procédure.

Mais si, comme dans la cause actuelle, il s'agit d'interpréter un acte ancien de notaire; un acte où il est
question d'accorder ou constater des droits réglés par
la loi ou la jurisprudence; un acte assujetti par la
routine, et de tout tems, aux mêmes tournures, aux
mêmes expressions; un acte rédigé par un praticien
dans une petite commune de montagne; un acte fait
en faveur d'un homme de loi qui y est partie contrac-
tante; un acte enfin où, d'un bout à l'autre, on voit
que les rédacteurs ou contractans sont aussi familiarisés avec les tournures et les termes des stipulations
judiciaires qu'étrangers à toutes les règles du bon
langage;.... les mêmes axiomes et le bon sens nous
disent qu'il faudra suivre des règles différentes, qu'il

faudra consulter les dictionnaires de Droit et de Pratique, plutôt que celui de l'Académie (2), et les Traités des Jurisconsultes plutôt que les chefs-d'œuvre des gens de lettres; en un mot, ne pas faire comme madame Dumolard, d'après laquelle il semblerait qu'une donation rédigée en 1754, au Villars-Saint-Christophe, dût être écrite avec autant de soin que les ouvrages célèbres du même tems, tels que l'Héloïse, le Discours sur l'Inégalité, le Siècle de Louis XIV, l'Esprit des Lois ou l'Histoire Naturelle.

Il est trop certain, et la plupart des écrits ou actes produits par l'adversaire le prouvent d'ailleurs (3),

---

(2) Le Dictionnaire de l'Académie mérite fort peu de confiance pour les définitions des termes judiciaires, parce que cette compagnie a rarement admis et qu'elle avait cessé pendant près d'un siècle d'admettre dans son sein des jurisconsultes (voy. la Correspondance de Laharpe). Si l'époux de madame Dumolard avait été un fidéicommissaire au lieu d'un donataire, invoquerait-elle comme autorité le Dictionnaire de l'Académie, où l'on dit, dans toutes les éditions, que le *fidéicommissaire est celui qui est CHARGÉ d'une hérédité ?*

(3) On y voit : « Par acte *reçu N. notaire de sa date*... un procès qui a des *suites PLUS AMPLES*... des droits payés *DU depuis*... des parens qui ont donné *tous et UN CHACUN* leurs biens... une *REJECTION* de poursuites... un homme cité « pour autoriser sa femme, *A CE DÉFAUT* celle-ci sera tenue pour autorisée »... un homme qui « n'a pu *EXÉCUTER une* bonne *volonté*... » Après une notification d'acte, on ajoute : « *A QUEL effet* j'ai laissé copie, etc... » On y voit encore un donateur qui, par ces termes, « comme ses autres frères, n'a pas entendu *AUTRE CHOSE* que les deux frères dont il venait de

que le langage judiciaire pèche encore dans bien des
points contre les règles de la langue proprement dite;
cependant il n'est pas moins certain que depuis une
trentaine d'années sur-tout, ce langage s'est singuliè-
rement épuré, parce que les hommes de loi de nos
jours ont reçu en général une éducation plus soignée
que leurs devanciers, et qu'il en est même qui ne
commettent ces fautes que par une sorte de vénération
pour l'usage. Combien, à plus forte raison, ce langage
ne devait-il pas être vicieux au tems et dans le lieu
où a été fait l'acte que nous discutons? à ce tems où
il est connu de tout le monde que beaucoup de pro-
cureurs, d'avocats, de juges résidans à Grenoble, ne
s'énonçaient très-souvent qu'en *patois*, et où assuré-
ment les notaires des cantons des montagnes devaient
être encore moins familiarisés avec le langage ordinaire?

Et nous ne sommes pas réduits à la simple notoriété
publique (qui pourtant serait suffisante en pareil cas)
pour établir cet état de choses; nous en trouvons la
preuve matérielle dans le même acte. Passons sur les
fautes d'orthographe et de ponctuation dont il fourmille;
accordons qu'on ait pu n'y faire qu'une seule phrase,

---

parler... » Quand il n'existerait pas « de disposition de la réserve
ou d'une partie, *CE QUI ne serait pas disposé* ne *RETOURNERAIT
point au profit...* » Des sommes qui seront remises « le jour de
a célébration du mariage, dont *L'ÉPOUSALISSE tiendra lieu de
quittance...* etc. etc. »

quoiqu'il ait six grandes pages ; il suffit d'un simple coup-d'œil pour y appercevoir, presque à chaque ligne, des barbarismes de mots et de construction, des pléonasmes, des redondances, des impropriétés de termes, etc. Ici, c'est un homme et une femme qui, « de l'*avis* » *et conseil* d'un parent, ont *promis SE VOULOIR* » *prendre et épouser en vrai mariage...* au premier » requis de l'une *d'elles* ; déclarant ne trouver en *elles* » aucun empêchement par lequel ledit mariage *NE* » *doive SORTIR EFFET...* » Là, les parens de l'épouse constituent une dot en ces termes : « Pour dot *de la part* desdits sieur et dame... A ladite demoiselle... ils *LUI* constituent sa légitime de droit... *laquelle* ils déclarent pour la perception du droit de contrôle qu'*elle* pourra arriver... » Ailleurs, c'est une cession faite pour le *prix et somme* de 4000 liv., « *de laquelle* ladite Marianne promet payer *celle* de 2000 liv., ... et *les* autres 2000 liv. ledit sieur... *en* fait donation... » Ce sont des effets qui « *demeureront et appartiendront* au futur époux... » Ce sont des portions « *de* toutes lesquelles il *EN* pourra jouir et disposer... en acquittant *par lui* les charges de « la cession ci-dessus faite... *de l'en faire* tenir quitte... » C'est une future épouse qui « se constitue *SON* garde-robe ; » etc. etc. Il serait aussi long que fastidieux d'en indiquer toutes les fautes.

Mais peut-être la clause que l'adversaire veut interpréter d'après les règles rigoureuses de la langue française, « parce que les parties connaissaient et

» cette langue et la force des termes., etc. » peut-être
cette clause est-elle, par une espèce d'exception,
rédigée conformément aux mêmes règles ? Il y avait
un moyen bien facile de le prouver : il suffisait de la
transcrire avec exactitude. L'adversaire a jugé à
propos de s'épargner ce soin si peu pénible; on devi-
nera aisément ses motifs si l'on examine la copie de
la clause, que nous avons donnée ci-devant *pro ut
jacet*, et dont le simple aspect nous dispense de toute
réflexion. Le lecteur remarquera bien sans commen-
taire, ces père et mère qui font « donation de TOUS ET
UN CHACUN leurs biens... » cette donation faite « sous
les réserves ci-après savoir ledit sieur Boulon *la
somme* de... » cette somme « A *laquelle* sont comprises
les légitimes... » cette autre somme « SUR laquelle
est de même comprise la légitime... » cette déclaration
que « dans *le cas de mort sans disposer* des DITTES
SUSDITTES réserves, lesdits sieur, etc. »

LES observations précédentes montrent déjà que ce
n'est point d'après les règles de la langue française
proprement dite qu'il faut interpréter la même clause,
mais bien d'après celles de la langue judiciaire ; les
remarques suivantes achèveront la démonstration.

Lorsqu'on admettrait que le rédacteur de la donation et les parties contractantes *connaissaient bien le
français*, on n'en devrait pas moins suivre notre système d'interprétation. On sait que chaque science a
des tournures et des expressions spéciales, en un mot

une langue particulière. Il est naturel que ceux qui professent une science quelconque en emploient par préférence l'idiome toutes les fois qu'il est question d'objets ou d'actes qui y ont quelque rapport. C'est ce que prouve sur-tout l'usage des hommes de loi (on reproche même à plusieurs d'entr'eux de se servir de leur idiome dans des occasions et des ouvrages où ils devraient l'oublier), et c'est ce que nous remarquons aussi dans les propres actes ou écrits de l'adversaire.

On y lit, par exemple : « La dame Dumolard inter-
» jette appel du jugement... *pour les griefs qui seront*
» *déduits* dans le cours de l'instance... » elle assigne
« pour voir *dire* et prononcer qu'il a été mal jugé par
» le jugement ; *réformant*, la dame Dumolard sera
» mise hors de cours... » elle se réserve « de prendre
» les autres *fins* et conclusions *qu'il appartiendra...* »
ayant prouvé telle proposition, « *il doit s'ensuivre l'hors*
» *d'instance* de la dame Dumolard... » le donateur,
en disposant de la moitié de la réserve, « l'a *soustrait*
à la disposition du droit commun... » une disposition faite « à des personnes *conjointes par la chose*
» *et par les paroles...* » les personnes « qui restent
» prennent la place du *co-légataire qui manque...* »
etc. etc. On lit en particulier dans la donation de
1754, que les donateurs se réservent « leur logement
» dans la maison avec le dessous ou le dessus à leur
» choix, c'est-à-dire que le premier étage et le dessous
» composeront un des logemens *avec la faculté des*

§ 16.

» *herbages et du bûcher sans abus...* » On y lit que les
futurs époux se *donnent* réciproquement telle somme
pour augment et contre-augment, et l'on ajoute néan-
» moins : « Lequel augment ou contre-augment *appar-*
» *tiendra* aux enfans... » On y lit à la fin : « *Et pour*
l'observation (sans dire de quoi), *en ce que les cha-*
cune concerne, elles ont passé les obligations , etc. »

Toutes ces tournures , toutes ces expressions très-
exactes ou du moins très-intelligibles pour des hommes
versés dans la langue judiciaire, le seraient fort peu
pour des littérateurs ou grammairiens (4) ; presque
toutes leur fourniraient même l'occasion d'ajouter quel-
ques lignes au récit de Chicaneau ou au plaidoyer de
l'Intimé (5). Donc, on le répète, dès qu'il s'agit d'interpréter un mot douteux d'un acte où l'on remarque
de semblables expressions et tournures , d'un acte
redigé par un homme de loi et fait en présence et en
faveur d'un homme de loi, qui était par-là même inté-
ressé à en surveiller le style, il faudra donner à ce
mot le sens que les lois , que les gens de loi et par

---

(4) Il en est de même de cette portion de phrase, *de l'en faire*
tenir quitte, rapportée ci-devant (page 9, alinéa 1.er, ligne 23).
Comme elle ne se lie en aucune manière avec les mots précédens,
elle serait un véritable coq-à-l'âne pour un homme étranger à la
langue de la procédure.

(5) Dans une de ses lettres à Racine, Boileau se récrie vivement
contre un journaliste qui avait employé la première locution rapportée à l'alinéa précédent (*les griefs déduits*, etc.), et cependant
Boileau en connaissait bien le sens, puisqu'il avait été avocat.

conséquent la langue judiciaire lui attribuent ; et c'est ce que le Tribunal de Grenoble a déjà fait, et ce que nous allons faire aussi.

Quant aux lois, celles qu'a citées le Tribunal (6) n'offrent pas le moindre doute ; elles décident positivement que le mot *frères comprend les sœurs* : l'adversaire en convient ; il se borne à observer qu'elles sont en latin. Nous lui répondrons que c'est déjà une grande présomption en faveur de notre système, parce que la plupart des mots de notre langue, sur-tout de notre langue judiciaire, étant dérivés du latin, il est naturel que nous leur donnions le même sens que les Romains ; que cette observation s'applique spécialement au mot *frères*, qui est bien évidemment dérivé du mot *fratres*. Mais allons plus loin. Voyons si les jurisconsultes qui ont écrit en *français*, ont restreint la signification de ce même mot, aux enfans mâles nés du même père ou de la même mère.

Mme Dumolard a pressenti et voulu prévenir cet examen, et elle s'est empressée de citer UN auteur, Domat, qui, suivant elle, fait une distinction entre ces deux mots, parce que Domat (7), à l'occasion des droits successifs des frères et sœurs, avertit que « pour la

---

(6) Ce ne sont pas les seules : le Tribunal aurait encore pu invoquer les lois 40, 52, 101, 116, 122, 152, 163 et 195, *ff. verb. signific.*, qui décident indirectement la même chose.

(7) Part. 2, liv. 2, tit. 5, sect. 2, n.° 2... La citation qu'en fait l'adversaire n'est pas exacte.

clarté et la briéveté, il ne nommera plus que les frères seuls. »

En premier lieu, Domat n'a point composé de traité où il ait discuté et approfondi des questions difficiles de droit ; il s'est borné à un ouvrage destiné, dit-il, à rendre l'étude des lois Romaines plus facile, plus utile et plus agréable, au moyen de l'ordre suivant lequel il en a classé les principales décisions. Il n'a donc fait que des élémens, et l'on conçoit que dans des élémens on peut chercher quelquefois à prévenir les doutes qui pourraient s'élever sur les notions les plus simples.

En second lieu, si c'est pour *la clarté* qu'il nomme les *frères seuls,* ou il ne s'est pas entendu, ou il pensait que cette expression s'étendait assez naturellement aux *sœurs* pour qu'il ne fût pas besoin d'y joindre ce dernier mot. Ce qui semblerait annoncer que tel était au fond son avis, c'est qu'avant la réflexion précédente, il s'est borné plusieurs fois au mot *frères* dans des sommaires ou passages qui s'appliquaient également aux *sœurs.* Ainsi le sommaire du n.º 2 qui contient la réflexion, et celui du n.º 1.ᵉʳ sont conçus en ces termes : « Les *frères* sont les premiers dans » l'ordre des collatéraux ; les *frères* germains excluent les autres, » quoique dans ces deux n.ᵒˢ il parle et des sœurs et des frères... Ainsi au titre précédent (*tit.* 2, *sect.* 3, *n.º* 11), en expliquant les lignes d'une *figure* des degrés de parenté, et annonçant qu'il faut distinguer ces lignes en trois ordres, il observe que « le premier ordre n'en contient qu'une, celle où sont les *frères*, les cousins germains, les cousins seconds et les autres cousins;... » et précisément dans cette même ligne, outre les individus auxquels il donne les noms singuliers de cousins *seconds*, cousins *tiers* (8), on trouve la *sœur*, de sorte qu'il l'a comprise tacitement dans le terme *frères*.

MAIS supposons que Domat fut réellement d'avis que l'expression *frères* ne désigne pas les sœurs, cet avis *unique* pourra-t-il balancer celui de tous les jurisconsultes français anciens et modernes ? Nous disons *tous*, parce que sur plus de cinquante que nous avons consultés au hasard, et dont le suffrage est en général d'une toute autre importance que celui de Domat, nous n'en avons pas trouvé un seul qui n'ait étendu aux *sœurs* la signification du mot *frères*, soit par des décisions positives, soit en présentant comme donnés pour des *frères*, des arrêts rendus pour des

(8) On lit dans le Légataire :
Des oncles, des neveux, des nièces, des cousins,
Des arrière-cousins *remués* de germains.
Outre que cette plaisanterie est faite par une Suivante; outre qu'elle est exprimée en vers, c'est-à-dire dans le langage où l'on permet le plus de licences, l'affinité des termes dans lesquels elle est conçue, avec la qualification ordinaire « cousins *issus* de germains, » en fait aisément comprendre le sens et apprécier l'espèce d'épigramme. Mais nous doutons beaucoup que Regnard, quoique contemporain de Domat, eût compris ce que c'est qu'un cousin *second*, et sur-tout un cousin *tiers*.

sœurs, soit en omettant le mot *sœurs* lorsqu'ils traitaient des droits communs aux sœurs et aux frères.
Nous allons en citer quelques-uns de chacune de ces
classes; nous commencerons par ceux qui ont donné
des décisions expresses sur notre question.

THAUMAS, jurisconsulte du même Parlement et du
même siècle que Domat... Dans son Dictionnaire civil,
au mot *frères*, il s'exprime ainsi : *Frères comprennent
les sœurs ;* et à ce dernier mot, *sœurs comprises sous
le nom de frères.*

DESPEISSES, contemporain de Domat, dit : *Les
sœurs sont comprises sous le nom des frères,* aux legs,
de même qu'aux fidéicommis... Mais les frères ne sont
pas compris sous le nom des sœurs... — *Voy. Traité
des success., part.* 1, *tit.* 3, *sect.* 1, *n.°* 3.

LAROCHE-FLAVIN rapporte un arrêt du Parlement
de Toulouse, par lequel il a été jugé qu'un legs de
mille écus fait à chacun des *frères* du testateur,
s'étendait à une sœur aussi bien qu'à un frère, parce
que la sœur est comprise sous cette dénomination. —
Voy. Arrêts, liv. 6, *tit.* 61, *arr.* 1.

GRAVEROL, autre contemporain de Domat, et com-
mentateur de Laroche, observe, au sujet de l'arrêt
précédent, que régulièrement... « les sœurs et filles
sont comprises sous les noms des frères et fils... » Il
ajoute, comme Despeisses, qu'on ne doit pas dire
l'inverse. — *Voy. Graverol, ibid.*

POTHIER donne la même décision dans une règle
générale

générale et dans un exemple où il applique cette règle :
« Le genre masculin renferme ordinairement le fémi-
» nin... par exemple, lorsque... je fais un étranger léga-
» taire... et que je le charge de restituer après sa mort
» ce que je lui laisse *à mes frères;* par ces termes,
» *mes frères,* je suis censé avoir compris mes *sœurs...* »
— *Voy. le Traité des donat. testament, chap.*7, *règle*
21. — Nous observerons, au sujet de ce passage, que
dans des notes manuscrites que M. FROMENT, avocat et
professeur de Droit à Grenoble, a mises en marge de
ses Instituts, il rapporte la même règle et renvoie au
même passage de Pothier; ce qui atteste directement
l'usage de notre pays.

PASSONS aux auteurs de la seconde classe, c'est-à-
dire aux auteurs qui qualifient comme données pour
des *frères* des décisions relatives à des sœurs, et qui,
par conséquent, supposent bien que le mot *frères*
comprend les sœurs.

CAMBOLAS.... Un arrêt qu'il rapporte adjuge à une
mère la succession de sa fille, à l'exclusion de deux
sœurs utérines de celle-ci. Comme il n'y avait point
de frères, si le mot *sœur* n'eût pu être suppléé par le
mot *frères,* Cambolas s'en fût servi dans l'intitulé de
son chapitre, où on lit cependant : Les FRÈRES UTÉRINS
ne succèdent avec la mère aux biens du FRÈRE. Bien
plus, après avoir analysé l'arrêt, il s'exprime ainsi :
« Boyer, parlant de *cette* question, si le *frère utérin*

2

» succède avec la mère... » — *Voyez ses Décisions,*
liv. 5, *ch.* 33.

Ailleurs, à l'occasion d'un arrêt qui pour une partie
d'une hérédité préfère une sœur germaine à une sœur
consanguine, Cambolas observe que « le droit nou-
» veau préfère les *frères* conjoints de deux côtés
» à ceux qui ne le sont que d'un côté... » — *V. id.,*
liv. 1, *ch.* 44.

ALBERT... Son témoignage n'est pas moins décisif.
Une tante est assassinée par une de ses nièces. On
demande que la sœur de celle-ci soit déclarée indigne
de la succession pour n'avoir pas poursuivi la meur-
trière. Un arrêt rejette cette demande, et Albert en
justifie la décision sur ce que c'est un crime d'accuser
un *frère*. — *Voy. Arrêts de id., mot Indignité, art.* 1.

FURGOLE... Il propose en ces termes une question
relative à l'hypothèse précédente : Le *frère* est - il
obligé de poursuivre la vengeance du défunt contre la
personne de son *frère* qui lui a donné la mort ?.. Il la
résout pour la négative, après avoir cité l'arrêt précédent, où il s'agit de deux *sœurs*. — *Voy. id., des*
Testamens, ch. 6, *sect.* 3, *n.°* 340.

HENRYS... La rubrique d'une de ses questions (*qu.* 13,
livre 6, *tome* 1, *édition de* 1708) est ainsi conçue :
« De la prérogative du double lien, et si elle est consi-
dérable entre les enfans des *frères*. » Cependant l'arrêt
qu'il rapporte et où l'on consacre les avantages de
cette prérogative, est rendu en faveur des enfans d'une
sœur.

QUOIQUE les jurisconsultes de la 3.ᵉ classe qu'il nous
reste à indiquer, n'aient pas manifesté leur opinion
d'une manière aussi directe (du moins dans les passages
que nous avons eu occasion d'examiner), on ne saurait
cependant douter qu'ils n'aient approuvé la règle de
Thaumas, Despeisses, etc., sur le sens du mot *frères,*
puisqu'ils se sont presque toujours servis de ce mot
seul, lorsqu'ils traitaient des droits communs des frères
et des *sœurs*, et par conséquent lorsqu'ils auraient dû
employer les deux dénominations à la fois, si la dernière n'avait pu être suppléée par la première. Nous
n'avons à cet égard que l'embarras du choix, et la
crainte de fatiguer par des répétitions fastidieuses
nous oblige de nous réduire à l'indication des textes.
On peut consulter entr'autres Dolive, questions nota-
bles, liv. 5, chap. 35; Henrys, au lieu déjà cité, et au
tom. 1, liv. 6, quest. 4 et 5; Bretonnier, observations
sur ces questions; Catelan, liv. 2, ch. 67; Lapeyrère,
lettre S, n.ᵒˢ 243, 250, 260, 261; l'Annotateur de
Lapeyrère, d. n.ᵒˢ 243, 261; Maynard, liv. 6, ch. 92;
Coquille, sur la coutume de Nivernais, titre des
successions, art. 13; le même, Instituts, chap. des
successions : Cambolas, liv. 1, chap. 22; liv. 2, chap.
41; liv. 5, chap. 21; liv. 6, chap. 42 : Chorier, liv. 3,
sect. 5, art. 1; Bouvot, part. 3, mot exclusion, qu. 1;
Augeard, arr. 21, tom. 2, édit. de 1713; Lebrun, des
successions, liv. 1, chap. 6, sect. 2; Louet et Brodeau,
lettre S, somm. 17; M. Merlin, ancien répert., mots

ƒ24

succession, part. 1 , §. 3 , n.º 2 ; double lien , part. 1 ,
§. 3 ; etc. , etc. , etc. , etc. En un mot , on pourrait
assurer que dans la plupart des Traités ou Recueils
de décisions relatifs aux successions collatérales ,
aux effets du double lien , aux substitutions , à l'indignité , etc. , on trouve rarement , et souvent on ne
trouve jamais le mot *sœurs* joint au mot *frères*.

Il résulte évidemment des observations précédentes
et des autorités nombreuses et imposantes dont nous
les avons fortifiées ; autorités tirées d'ouvrages com-
posés même après la donation de 1754 (9), que le mot
frères a toujours *compris* les sœurs dans notre langue
judiciaire ; et que par conséquent on doit interpréter
sous ce point de vue l'expression douteuse de la même
donation , sur-tout en considérant que telle est la disposition précise des lois qui régissaient notre pays
au tems où elle fut passée, lois que le donataire, en sa
qualité d'avocat et de juge, devait bien connaître.

On se tromperait néanmoins si, d'après les dévelop-
pemens que nous venons de donner à cette proposition ,
on nous attribuait une adhésion complète à celle de
l'adversaire, quant au sens du mot *frère* dans la langue
française proprement dite. En premier lieu, la défi-
nition qu'en donne l'Académie n'est point exclusive

---

(9) Tels que le Traité de Pothier, les Notes de M. Froment, le
Répertoire....

ﾉ2ﾉ

du sens secondaire que nous donnons à ce mot. Le frère, dit-elle, est *celui* qui est né, etc. Comme le masculin comprend en général le féminin, on ne saurait induire du mot *celui*, que l'Académie ait voulu décider que le mot *frères* ne comprend pas les *sœurs*. Le contraire résulte de deux des exemples qu'elle donne, puisqu'elle cite cette phrase *les hommes sont frères en Jésus-Christ*, et indique le qualificatif *mes frères* dont se servent les prédicateurs, et qui s'adresse aux sœurs comme aux frères.

Mais, observe-t-on, si en français, comme en latin, le sexe masculin comprend le féminin « lorsqu'il s'agit » d'un mot générique qui désigne une classe d'indi- » vidus mâles et femelles... » il n'en est pas ainsi dans la langue française, « particulièrement lorsqu'il est » question de désigner les individus d'un sexe *plutôt* » *que de l'autre...* » par conséquent le mot *garçon* ne désigne pas les *filles*, etc... Nous répondrons que c'est mettre en fait ce qui est en question, et affirmer ce qu'il s'agit de prouver; qu'il faut au contraire établir une règle à-peu-près inverse, savoir, que lorsque les deux sexes sont désignés par deux mots différens, on se sert par abréviation (10) et sans commettre de faute,

_____

(10) On a observé, dans la plupart des langues, qu'un grand nombre des modifications soit restrictives, soit extensives qu'ont éprouvées les termes primitifs, sont dûes au penchant naturel que les hommes ont à l'*abréviation*, lorsqu'ils veulent exprimer leur

du seul mot qui désigne le sexe masculin, dans toutes les circonstances où il y a entre les deux sexes identité de droits, de sentimens, de relations , etc. ; qu'ainsi, dans les occasions où les droits des aïeuls et aïeules, des oncles et tantes, des fils et filles , des neveux et nièces, des frères et sœurs sont les mêmes, on dit très-bien, pour les désigner les uns et les autres, les aïeuls sans ajouter les *aïeules*, les oncles sans ajouter les *tantes*, les fils sans ajouter les *filles*, les neveux sans ajouter les *nièces*, les frères sans ajouter les *sœurs;* que ce n'est point là une simple allégation, mais une vérité prouvée par l'usage constant des auteurs déjà cités et d'une foule d'autres; et que les deux exemples de l'Académie la confirment quant à l'expression *frères* employée pour *sœurs*, soit dans la chaire, soit dans la phrase : Tous les hommes sont frères en Jésus-Christ.

« Mais, reprend-on, il ne s'agit point ici de ces » locutions pieuses, et il *n'est point question* d'un » sermon, *mais* d'un acte où l'expression frères ne » peut avoir d'autre latitude que celle qui lui est » donnée par l'usage... »

En premier lieu, l'Académie n'a pas entendu donner

---

pensée. « Nous portons , dit M. Bertrand (*Dissertat. gramma-ticales ; Paris*, 1809), le desir d'abréger à un tel point, que si l'assemblée constituante eût tenu plus long-tems, nous allions faire de l'adjectif *constituante*, un substantif féminin : la *constituante,* comme nous disons un *croissant*, un *pendant*, une *gouvernante,* etc., etc. »

tous les exemples de l'emploi du mot *frères* pour le mot *sœurs.* Ainsi, dans les phrases suivantes tirées de l'Encyclopédie : « Quelle plus tendre amitié que celle » des *frères ?* sur le déclin de la vie , quels meilleurs » amis pouvons-nous avoir que nos *frères ?* » ce mot s'applique aux sœurs comme aux frères. Outre que le sens l'indique évidemment , on dit , « l'amitié, la tendresse *fraternelle,* » mais non point « l'amitié, la tendresse *sororale.* »

En second lieu, nous avons prouvé que l'*usage* a précisément donné au mot *frères* la *latitude* dont on veut, pour ainsi dire, le dépouiller.

IL est tems de passer à la seconde objection de madame Dumolard. On a vu que d'après la loi romaine le mot *frères* comprend les sœurs, à moins qu'on ne prouve que le testateur avait une intention différente : *nisi aliud sensisse testatorem probetur.*

1.ʳᵉ *Preuve.* Madame Dumolard cherche d'abord à prouver cette intention par le silence que les donateurs ont gardé sur leurs filles, silence peu surprenant, entr'autres, « parce qu'ils leur avaient fait et payé des » constitutions qui *les remplissaient de tous leurs* » *droits* paternels et maternels... » Mais ce n'est point en gardant le silence sur le compte de ses filles, qu'un père peut les dépouiller de la portion que la nature et les lois leur ont accordée sur les biens dont il n'aura pas disposé; il faut une volonté positivement exprimée... Quant au motif qu'on donne de ce silence , on met encore en fait ce qui est en question.

2.ᵉ *Preuve.* Les donateurs veulent, dit-on, qu'en cas de non - disposition , « leur donataire ait *dans les* » *réserves une part ÉGALE comme ses autres frères...* » Or, l'un de ces frères étant décédé , et le père ayant donné ensuite (en 1771) à celui qui existait (Marc-Antoine) 3000 liv. à prendre sur sa réserve de 6000 l., sans disposer des autres 3000 liv. , il est clair « qu'il » les voulait laisser à son donataire, qui, par là, se » trouvait avoir *une part ÉGALE* à celle de son frère...» d'où il résulte que « dans la donation il n'avait nulle- » ment *songé* à ses filles... »

Il suffit d'un mot pour détruire cette preuve. L'adjectif *égale* sur lequel elle repose entièrement, et que l'adversaire a , sans doute par inadvertance , reproduit jusques à quatre fois dans ses mémoires , ne se trouve point dans la clause des réserves. (Nous l'avons rapportée *pro ut jacet,* pag. 1 et 2).

Nous ajouterons que la donation faite en 1771 à Marc-Antoine, montre que le donateur , par la clause précédente , n'avait point voulu attribuer sa réserve à ses seuls enfans mâles. Si telle eût été son intention et le sens et l'effet de cette clause , il n'aurait point jugé nécessaire de donner de nouveau et par un second acte positif, à Marc-Antoine, une portion de la réserve qui eût déjà appartenu à celui-ci, savoir, 2000 liv. pour son tiers, à dater de la donation de 1754, et 1000 liv.

pour la moitié du tiers de Jean - Baptiste , à dater de
la mort de ce dernier. Madame Dumolard en a elle-
même convenu dans un de ses écrits, où elle a sou-
tenu que le donataire et Marc-Antoine avaient acquis
par droit d'accroissement la portion de Jean-Baptiste.
Elle s'est souvenue depuis , que l'accroissement n'est
point admis dans les donations (*voyez Ricard, des
donations, part.* 3, *chap.* 4, *sect.* 4), et elle a aban-
donné ce moyen. Elle n'a pas réfléchi qu'elle nous
procurait l'occasion d'invoquer le même principe et
de dire, qu'en supposant que la clause attribuât toute
la réserve aux trois frères , dès que l'accroissement
n'est pas admissible dans les libéralités entre-vifs, il
aurait fallu une disposition expresse postérieure au
décès de Jean-Baptiste , au moins pour attribuer la
seconde moitié de son tiers au donataire, son frère
aîné.

3.e *Preuve.* Les donateurs disent que dans les
réserves « sont comprises les légitimes de Jean-Baptiste et de Marc-Antoine leurs deux fils cadets. » Les
mots *les autres frères,* qui terminent la clause, « ne
„ peuvent , ni suivant la raison , ni suivant le sens
„ grammatical, se rapporter aux *sœurs,* dont on ne
„ s'était occupé, dans l'acte, en nulle manière. »

Nous pensons bien différemment. Ou les donateurs
avaient des fils cadets autres que Jean-Baptiste et
Marc-Antoine, ou ils n'avaient que ceux-là. Dans la
première hypothèse, le procès des cohéritiers Grange

3

et Colin est gagné, puisque les mots *autres* frères prouvent jusqu'à l'évidence , que les donateurs n'ont point entendu affecter la réserve exclusivement au donataire et à Jean-Baptiste et Marc-Antoine... Dans la seconde hypothèse, si les mots *autres frères* ne désignent pas les sœurs , ils sont contraires à la raison et au sens grammatical.

En effet, l'adjectif *autres* désigne d'une manière spéciale des individus différens de ceux dont on vient de parler : or dans la clause on vient de parler à deux reprises différentes, et à peine deux lignes auparavant, des deux frères cadets du donataire, c'est-à-dire, de Jean-Baptiste et de Marc-Antoine : donc ce n'est point Jean-Baptiste et Marc-Antoine qui sont désignés par l'expression *autres* frères, ou tout au moins doit-on dire qu'elle ne les désigne pas seuls. Et si l'on eût voulu les désigner seuls, on pouvait se servir de vingt expressions *autres* que celle-là , dire par exemple que les réserves seraient divisées entre le donataire et ses frères , ou ses deux frères, ou ses *dits* frères , ou les *dits* (car l'acte n'est pas avare de *dits*) Jean-Baptiste et Marc-Antoine, ou les *dits* fils cadets, etc.

Allons plus loin : supposons un moment que ces mots *autres frères* désignent Jean-Baptiste et Marc-Antoine , et examinons en même tems la dernière clause dans son ensemble. Les donateurs déclarent qu'en cas de non-disposition des réserves, ils veulent que le donataire « *en ait sa part comme ses autres*

frères. » Que signifient rigoureusement ces expressions ? Deux choses : 1.º que le donataire aura *sa part*
des réserves ; 2.º que Jean-Baptiste et Marc-Antoine
en auront aussi *leur* part. Mais où y trouvera-t-on une
exclusion des filles ? ou, en d'autres termes, qu'elles
n'auront pas aussi *leur* part dans la réserve ? Rien n'y
montre une semblable intention ; et cependant, dès
que par cette clause les donateurs avaient, suivant
l'expression de l'adversaire, *soustrait* ces réserves à
la disposition du droit commun, elles fesaient désor-
mais partie de la succession, elles étaient par conséquent dévolues aux héritiers légitimes, et par conséquent aussi, il fallait de toute nécessité une déclaration
expresse et à l'abri de toute espèce d'équivoque et de
doute, pour les enlever à ces héritiers.

Et s'il était nécessaire de fortifier par des considé-
rations morales une cause dont la justice est établie
sur les règles les plus certaines du droit, de la raison
et de la jurisprudence, nous dirions que lorsqu'il s'agit
d'interpréter une clause douteuse, on doit prononcer
plutôt en faveur de plusieurs légitimaires pauvres que
d'un donataire universel opulent; qu'en un mot, on ne
doit pas faire à la piété d'un père l'injure de décider
qu'il ne s'est *nullement occupé* de ses filles, qu'il n'y a
nullement songé dans un acte où il travaillait à enrichir
leur frère.

BIGILLIÓN, *au nom des cohéritiers Colin;*
ARGOUD, *au nom des cohéritiers Grange.*

————————

Vu le Mémoire ci-dessus,

Le Conseil soussigné, adoptant les moyens qui y sont exposés, est d'avis que le jugement du Tribunal de première instance de Grenoble doit être confirmé. Délibéré à Grenoble, le 17 février 1810.

BERRIAT-SAINT-PRIX;

DUPORT-LAVILLETTE;

GABOURD, *chargé de plaider.*

BON, *avoué.*

————————

A Grenoble, de l'Imprimerie de J. H. Peyronard.

www.ingramcontent.com/pod-product-compliance
Lightning Source LLC
Chambersburg PA
CBHW060512200326
41520CB00017B/5006